Antonio Mira de Amescua

La adúltera virtuosa

Edición de Vern Williamsen

Barcelona **2024**
Linkgua-ediciones.com

Créditos

Título original: La adúltera virtuosa.

© 2024, Red ediciones S.L.

e-mail: info@linkgua.com

Diseño de cubierta: Michel Mallard.

ISBN tapa dura: 978-84-9953-526-5.
ISBN rústica: 978-84-9816-091-8.
ISBN ebook: 978-84-9897-566-6.

Sumario

Brevísima presentación

La vida

Antonio Mira de Amescua (Guadix, Granada, c. 1574-1644). España. De familia noble, estudió teología en Guadix y Granada, mezclando su sacerdocio con su dedicación a la literatura. Estuvo en Nápoles al servicio del conde de Lemos y luego vivió en Madrid, donde participó en justas poéticas y fiestas cortesanas.

Personajes

El rey de Nápoles
El Varón
El Conde
El marqués Astolfo
El duque Mauricio
Don Felipe de Cardona
El duque Claudio
El marqués Carlos
Frisón, lacayo
Alberto
Catalina, Reina de Nápoles
Doña Juana de Aragón
Doña Inés, camarera
Claudio, villano
Coridón, villano
Gaceno, villano
Julio, criado
Lupercio, criado
Criados
Guardias
Capitanes

Jornada primera

(Salen el duque Mauricio, y la duquesa doña Juana, su mujer, doña Inés, su camarera, el duque Claudio, el marqués Carlos, y gentiles hombres. Todos salen como desposorio.)

Carlos
...Ya en el domo, el cardenal
a vueselencias aguarda,
y en el palacio real
vi cercados de la guarda
los mármoles del portal.

Claudio
¿Qué falta para salir
agora a la santa iglesia?

Mauricio
El rey.

Claudio
Pues, ¿ha de venir?

Mauricio
A honrarnos.

Claudio
De su prudencia
más se puede presumir.

Juana
Quiere honrarnos, siendo hoy
de nuestras bodas padrino;
que porque española soy,
me favorece.

Carlos
Imagino
que oyendo la guarda estoy.

(Dentro.)

Guardia	¡Plaza, plaza!

Mauricio	Él es, sin falta. A recibirle salgamos, pues una merced tan alta de su clemencia alcanzamos.

Carlos	Pienso que caeréis en falta, porque ya está arriba y llega donde estáis.

(Dentro.)

Guardia	¡Plaza!

(Salen el Rey, el Conde y Varón.)

Mauricio	Señor, mi humildad a estos pies llega, pues tan inmenso favor hoy deja la envidia ciega. ¿Cuándo, señor, merecí que mi casa y su humildad tal huésped tuviera en sí?

Rey	Alzad, duque; duque, alzad.

Mauricio	Quisiera tener aquí riquezas para ofrecerlas a estos pies; que solo ellos pudieran enriquecerlas, [.....................- ellos] [.....................- erlas] y que del rubio arrebol

tapices el Sol le diera,
sus Indias el español,
y, al fin, que esta casa fuera,
señor, la Casa del Sol.

Rey   Duque, su adorno y concierto
es digno de gran valor.
A encarecerlo no acierto.
Poned la gorra.

Mauricio   Señor...

Rey   Basta, no estéis descubierto.
Y vos, señora, seáis
a esta tierra bien venida,
que enriqueces y adornáis.

Juana   Ya que con alma y con vida
una criada tengáis
en mí...

Rey (Aparte.)   (¡Oh, España, perfeta
región, cielo en serafines,
a quien el orbe respeta,
muerto soy!) Para chapines
[os] doy, duquesa, a Gayeta.

Juana   Merced de esas manos es.

Rey   Y a Coloneta posean
vuestros pies; que razón es
que estos dos ciudades sean
chapines de vuestro pies.

Juana	Como de tan gran padrino son las arras,...
Rey	Duque, a vos por mil razones me inclino.

(Aparte.)	(¿Qué es esto? ¡Válgame Dios!
	¿De dónde mi suerte vino?
	    Parece cosa imposible;
	libre entré, cautivo estoy.
	¡Oh, Amor, oh dios invencible!
	Pero soy rey y hombre soy,
	y enamorarme es posible.)
	    ¿No vamos?

Mauricio	Gran señor, sí, porque aguarda el cardenal.
Rey (Aparte.)	(Loco estoy, no estoy en mí. ¡Oh, española, por mi mal y por mi muerte te vi!) Vuestro padre, el duque, es deudo mío muy cercano, y un gran príncipe después.
Juana	Es hechura de tu mano, y yo alfombra de tus pies.
Rey	Levantaos, ¡por vida mía! La gente de España sola sabe enseñar cortesía!
(Aparte.)	(Un infierno es la española, y es su mano nieve fría.) ¿Queda en Ribagorza agora su excelencia?

Juan	Hasta Colibre me acompañó.
Rey (Aparte.)	¡Hola! ¿No es hora? ¿Qué aguardamos? (Dios me libre.)
Mauricio	A vuestra alteza.
Rey	Señora, ¿cuándo a la Reina veréis?
Juana	Mañana la iré a besar las manos.
Rey	¡Hola! ¿Qué hacéis? ¿No vamos?
Mauricio	Si das lugar, sí, señor.
Rey (Aparte.)	¿No le tenéis? (Ya, Amor, te rindo la palma.)
Carlos	Al cardenal desigual disgusto le da esta calma.
Rey (Aparte.) (Aparte.) [A un lado los dos.]	(Ya me hace este cardenal cardenales en el alma.) Vamos, duquesa. (¡Oh, cuál voy! Ten lástima, Amor, de mí.) ¡Conde!
Conde	A tus pies estoy.

Rey	Finge que me das aquí un papel.
Conde	Ya te le doy. Señor, aqueste papel...
Rey	¿Es de la Reina?
Conde	Señor, es de su alteza.
Rey (Aparte.)	¿Y en él, qué me escribe? (¿Cómo, Amor, siendo niño, eres cruel?)

[A un lado Carlos y Claudio.]

Carlos	Las bodas vendrán a ser muy tarde ya.
Claudio	Por su alteza se han venido a detener.
Carlos	Ser tarde es mayor grandeza.
Rey (Aparte.)	Por fuerza he de responder. Dadme recado. Llevad, duque, a la duquesa al Domo, y en ella un poco aguardad mientras escribo. (¡Ya tomo veneno!)
Claudio	¡Plaza!
Carlos	¡Apartad!

Juana	Vuestra alteza dé licencia.
Rey	Es darla muy justa cosa, que se ve en vuestra prudencia que sois cortés como hermosa, y hermosa por excelencia.
Claudio	Sospecho que las dos son.
Mauricio	Llegan carrozas, ¿qué esperas?

(Vanse todos y quedan el Rey, el Conde y Varón.)

Rey (Aparte.)	(¡Ay, Elena de Aragón,
	nunca a Nápoles vinieras,
	si has de ser mi perdición!
	  Nunca tu fama creí,
	pero tus ojos han sido
	basiliscos para mí,
	que en un instante han perdido
	mi ser, y mátanme así.)
	  Conde, Varón, no hay quien venza
	mi enemigo, estoy mortal,
	no hallo quien mi mal convenza.

Conde	Señor, ¿qué tienes?
Rey	Un mal que se dice con vergüenza. El alma tengo ofrecida a un dios desnudo y sin ley.
Varón	¿Hay vergüenza que eso impida?

Rey   Sí, que enamorarse un rey
es bajeza conocida.
    ¡Ay, hermosa doña Juana,
divino Sol de Aragón!
[................. -ana]
[................. -ón]
[................. -ana].
    Nunca vieras las riberas
del mar; que, lleno de asombros,
vieras sus entrañas fieras
cuando en sus celosos hombros
pasó en salvo tus galeras.
    A pesar de los timones,
las ondas se te cuajaron;
nunca ninfas ni tritones
por verte pasar, fundaran
espumosos torreones.
    En vuestras manos está
hoy mi vida.

Conde   ¿Eso, señor,
tanto cuidado te da?
Siendo rey y con amor,
¿quién resistirte podrá?
    Pero la que pasa allí
es, señor, su camarera.

Rey   Pues, llámala. Estoy sin mí.
Mas no la llames, espera.

Varón   Luego, ¿tienes miedo?

Rey   Si.

16

Varón	Pues, desengañarte puedo,
	que será tu mal terrible.
Rey	De Amor este miedo heredo,
	que es hijo de lo imposible,
	y es compañero del miedo.
	Más vale, conde, llamar.
Conde	Voy.

(Vase el Conde.)

Varón	A esta mujer allana
	con dar; que las vence el dar.
	Eva tomó la manzana
	porque supiese tomar.

(Salen el Conde y doña Inés.)

Inés	¿Qué me manda vuestra alteza?
Rey	Levantad.
Inés	Muy bien estoy
	delante vuestra grandeza,
	que sois rey.
Rey	Aunque lo soy,
	tratadme con más llaneza.
	¿De dónde sois?
Inés	Soy, señor,
	de España.

Rey	Dicen que es bella.
[Aparte a Varón.]	¿No entro bien?
Varón	Dile tu amor,
	que yo he colegido de ella
	que lo entenderá mejor.
Rey	¿Cuánto ha que acompañáis
	la duquesa?
Inés	En su servicio
	nací.
Rey	¿Y en qué os ocupáis?
Inés	En su cámara.
Rey	¿En qué oficio?
Varón	¡Rey!
Conde	¡Señor!
Rey	Necios andáis.
Inés	Soy, señor, su camarera.
Rey	¿Está la duquesa inclinada
	a fiestas? Que hacer quisiera
	fiestas, si de ella se agrada.
Inés	No, de ninguna manera
Rey	¿Suele a saraos acudir?

Inés	Pocas veces.
Rey	¿Danza?
Inés	Un poco.
Rey	¿Nota bien? ¿Sabe escribir?
Inés	Bien, mas lo aborrece.
Rey (Aparte.)	(¡Loco estoy!) ¿Tiene en el vestir cuidado?
Inés	No, que es modesta en las galas.
Rey	¿Es amiga de visitas?
Inés	Si es honesta.
Rey	¿De terrero?
Inés	Es enemiga.
Rey	¿Es conversable?
Inés	Es compuesta.
Rey	¿Trata espejo cristalino?
Inés (Aparte.)	(Las preguntas que he escuchado

más son, a lo que imagino,
preguntas de desposado
que preguntas de padrino.)

Rey   Pues, ¿a qué se inclina?

Inés   Al monte,
donde sigue el jabalí,
o por el verde horizonte
al oso, y al hallarle allí,
siguiera al rinoceronte.
    Cuando estaba en Ribagorza,
por los matizados ramos
mataba el gamo y la corza;
que son de bronce sus manos
aunque parecen de alcorza.

Rey   ¡Hola! Desviáos allá.
Si de mi parte un recado
le das hoy, tuyo será
en Nápoles un condado,
y a mi cuenta quedará
    el casarte. ¿Qué te alteras?
Yo soy rey, y por un rey,
cuando tú en ello perdieras,
que hagas es razón y ley
lo que por ninguno hicieras.
    De tal suerte me ha dejado
su donaire y su hermosura
que hasta el alma me ha abrasado,
y no juzgues a locura
este amoroso cuidado.

Inés   Señor, si no imaginara

20

que eres mi rey, de otra suerte
lo que me has dicho tomara.
Que soy española advierte,
y de sangre ilustre y clara.

   Y si como ese condado
me das, tu reino me dieras,
lo hubiera aquí despreciado
como por él me pidieras
tercería ni recado.

   Si el alma, señor, te engaña,
Nápoles te podía dar
actor de tan torpe hazaña;
que yo sé servir y honrar,
porque he nacido en España.

(Vase Inés.)

Varón   Señor, ¿cómo ha respondido?

Rey   Ha respondido de suerte
que he quedado sin sentido.
La sentencia de mi muerte
me ha pronunciado y leído.

Conde   Al fin, ¿respondió que no?

Rey   No la escopeta preñada
de tal suerte respondió,
del pedernal agraviada
que con violencia le hirió.

Varón   Pues, señor, escribe luego
un papel, con que podrás
templar su desasosiego.

Rey

Y si tú el papel le das,
pondrás templanza en mi fuego.

Conde

Vamos, señor, que te aguarda
el cardenal, y con él
los novios.

Rey

Llama a la guarda,
Varón. ¿Al fin, que el papel
veré en su mano gallarda?

Varón

Él templará tus enojos.

(Sale Carlos.)

Carlos

A vuestra alteza real,
el cardenal...

Rey

¡Oh, qué enojos!
Vamos, que este cardenal
ya le llevo entre los ojos.

(Vanse, y salen don Felipe de Cardona y el marqués Astolfo, de camino.)

Felipe

Un pobre caballero soy de España,
y si otra cosa escriben, es engaño;
que un humilde criado me acompaña
en mis desdichas puede haber un año.

Astolfo

El que escribe esta carta no se engaña
ni pretende con ella vuestro daño;
amigo es vuestro, y tanto que la vida
pondrá por vos.

Felipe	¿La letra es conocida?
Astolfo	La letra es conocida y la persona que la escribe lo es más.
Felipe	¿Veré la firma?
Astolfo	Dice la firma: «El duque de Cardona, y vuestro padre».
Felipe	Basta. Si él lo afirma, su hijo soy, que su valor me abona, y en su sangre y nobleza me confirma, la mía de su pecho la recibe. Y en ella, ¿qué os escribe?
Astolfo	Esto me escribe:

(Lee.)	«He sabido que el Conde de Ampudias, mi hijo,
	está entretenido en las galeras de vueseñoría.
	    Recibiréla muy grande en que le favorezca,
	porque es fuerza que viva así encubierto hasta
	que en desafío, como honrado caballero, vengue
	la muerte de don Carlos, su hermano, si el rey
	se lo otorga. Vueseñoría le apadrine; que la
	    merced que recibiere correrá por cuenta mía.
	Dios me guarde a vueseñoría mil años.
	    De Barcelona, y marzo. El Duque de Cardona.»

Felipe	Ya, famoso marqués, que habéis sabido quién soy, es justa cosa que os declare la forzosa ocasión de haber venido donde vuestro valor mi agravio ampare.

Salí de Cataluña, y he corrido
toda la Francia, y quiere Dios que pare
en vuestras baleáricas riberas,
coronadas de naves y galeras.

   Es, marqués, mi propio nombre
don Felipe de Cardona,
porque de una misma suerte
duque y ducado se nombran.
Entre mi famosa casa
y entre la casa famosa
de los Aragones hay
una entrañable discordia.
Mas viendo el rey de Aragón
y el Conde de Barcelona
que la paz de un casamiento
todo lo allana y conforma,
concertaron de casarme
con la divina y hermosa
doña Juana de Aragón,
Sol claro de Ribagorza.
Otorgados los conciertos,
para las arras y bodas,
dio cornerinas el Asia,
y dio el África heliotropias.
Otra vez el Pirineo
derritió sus blancas rocas
vertiendo sierpes de pala
que por su falda se enroscan;
que alegres del casamiento,
pienso que hacía de todas
virillas, para adornar
los chapines de mi esposa.
Hasta el mar quedó empeñado,

pues, despreciando el aljófar,
sacó perlas transparentes
de los cofres de sus conchas.
Quedó sin telas Milán
y sin riquezas la Europa;
el Betis sin los caballos
que engendró en su madre Bóreas.
Al Sol vimos despeado
que por darme su carroza,
haciendo largos los días,
caminó a pie por sus zonas.
Esparcióse por el mundo
la fama de nuestras bodas,
y en Milán por el palacio
del duque Francisco Esforcia,
envidioso de mis bienes,
quiso atropellar mis glorias
pidiendo para su hijo
esta divina española.
El cual, mientras vive el padre,
dicen que en Nápoles goza
el ducado de Milán
y el marquesado de Soma.
Y viendo que es la vejez
avarienta y codiciosa,
en trescientos mil ducados
por hacerme mal, la dota.
Y al conde, contrario nuestro,
le hace el interés que rompa
los conciertos y palabras,
invencible en nobles bocas.
Hicieron nuevos conciertos
y el novio lleno de joyas
pasó a ofrecerlas a España

a las plantas de la novia.
En cimientos de zafiros,
entre las azules ondas,
fundaron un edificio
de quien los mares se asombran.
De cristal y oro formadas
eran las gallardas popas,
y en los árboles pendían
mil flámulas revoltosas.
Quejáronse, hiriendo el viento,
los clarines, y las trompas
de vanidad se hincharon,
las bastardas y las bordas.
Al fin, a pesar del golfo,
las seis cajas voladoras
roncaron en Vinaroz,
libre la apacible costa.
Desembarcaron en ella
y desde allí a Zaragoza
llegaron en pensamientos,
que pueden serlo las postas.
Yo, de mi esposa llamado,
también me acercaba en otras,
que la mar a los amantes
les da la vida por horas.
Traía treinta criados,
todos con capas gasconas,
con los aforros de tela
de color de mi congoja;
y con don Carlos mi hermano
otras ilustres personas,
que fueron a ser testigos
de mi lamentable historia.
Desempedrando la calle

llegamos juntos en tropa
a las puertas de su casa,
cerradas para mi gloria.
Y entrando alegres por ellas
vimos una Babilonia
en la confusión de lenguas
italianas y españolas.
Al fin, gente de palacio,
que corren cruzan y estorban;
y sin saber a qué van,
unos con otros se topan.
El alboroto y las luces,
de quien huían las sombras,
a saber nos obligaron
por qué causa se alborotan.
Un paje dijo... no puedo
parar a contarlo ahora;
mas otro, sin preguntarlo,
nos dijo de aquesta forma:
«¿Es posible, mis señores,
que este regocijo ignoran?
¿No saben que doña Juana
aquesta noche se otorga
con el duque don Mauricio,
que ha llegado por la posta?»
Yo entonces —entre los labios
el alma— dije: «¿Tú ignoras
la causa de este alboroto,
pues al revés nos informas;
que es el que viene a otorgarse
don Felipe de Cardona,
conde de Ampudias y duque
de su nombre y casa propia?».
Respondió: «Reíos, señor,

que es el que se otorga agora
don Mauricio, que de este otro
no hacen caso ni le nombran.
Y si no queréis creerme,
subid allá, que os importa,
si os deja el mar de la gente
romper sus confusas olas».
Yo, entonces, como la bala
que escupe la negra boca,
oprimida del salitre,
que gime cuando la [arroja],
me subo por la escalera,
y tras mí mi gente toda,
y a pesar de los porteros
entro, aunque el paso me estorban.
Llegué a la postrera sala,
y a la luz de cuatro antorchas
pudieron ver mis dos ojos
mis celos y mis deshonras.
Mas no las vieron apenas
cuando mi cólera loca,
mis razones, y mi espada
toda la gente alborotan.
Vieras, sin ser primavera,
brotar relucientes hojas,
que son árboles los hombres
cuando se enfadan y enojan.
Doña Juana alborotada,
descompuesta y vergonzosa,
da voces, y el duque aleve
toda la gente convoca,
y por la espalda a traición
llegó una punta alevosa
al corazón de mi hermano,

de donde el alma le corta.
Y entonces a mis contrarios
acometí de tal forma
que no dejara a ninguno
a ser en el campo a solas.
Acudió el pueblo, y fue fuerza,
porque nadie me conozca,
dejar la ciudad y el reino,
vertiendo enojo y ponzoña.
He desafiado al duque,
pidiendo campo en Saboya,
en Francia y en Alemania.
A Nápoles vengo agora
para que el rey don Alonso
me le otorgue; y si le otorga,
él como buen caballero
en el campo me responda.
Que después de haberlo muerto
ha de ser mi amada esposa
doña Juana de Aragón,
que como el alma me adora.

Astolfo   Como vengo de correr
desde Asia a Constantinopla,
y he estado ausente del reino,
no he sabido vuestra historia.
Y pues, señor, el serviros
es obligación forzosa,
no habrá cosa en vuestro gusto
que delante se me ponga.

Felipe   Ya agradezco esa merced
pero sabed que me importa
darle muerte en estacada,

que he de vengarme con honra.

(Sale Frisón, lacayo, de camino.)

Frisón
No quisiera haber quedado
en Nápoles, por no ver
el mal que no ha de poder
ser de mi lengua contado.
    O entrando en ella, señor,
cogiérame una pared
o matárame la sed,
que es la maldición mayor.
    Hartárame en el camino
de agua en las cisternas frías,
y en todas sus hosterías
no hallara un trago de vino.

Felipe
¿Qué traes, Frisón?

Frisón
No sé
por donde empiece a contar
tu mal.

Felipe
¿Qué, siempre has de estar
borracho?

Frisón
Yo callaré.

Felipe
¿Qué has de callar y decir?

Frisón
Con lo que estoy consolado
es con ver que anduve honrado
y que honrado he de morir.
    En su diluvio, Noé

no hizo tanto como yo.

Felipe   ¿Qué hiciste?

Frisón   El mundo lo vio.

Felipe   ¡Ah, cuero!

Frisón   Yo callaré;
mas solo, señor, te digo
que hice por ti en la ocasión
lo que no hiciera un león;
que en la ausencia es el amigo.
   Que estocadas le tiré
a un franchote por San Ponce
que a esperarme fueron once.

Felipe   ¿Qué dices?

Frisón   Yo callaré.

Felipe   Si en Nápoles has bebido,
cuéntame lo que has soñado.

Frisón   Yo soy un lacayo honrado,
dentro [en] Gascuña nacido,
   y bebo lo que me basta.

Astolfo   ¿Quién es éste?

Felipe   Es un garzón
que me acompaña.

Frisón   Frisón

me llamo.

Astolfo   Lindo humor gasta.

Felipe   Si vienes en tu juicio,
Frisón, lo que has visto cuenta.

Frisón   Vi la ocasión de tu afrenta.

Felipe   ¿A quién?

Frisón   Al duque Mauricio,
señor, solo en dos razones:
doña Juana de Aragón
y el señor duque, si son
casarse las velaciones,
se iban, señor, a casar
a la iglesia; mas vengado
quedas, pues yo, alborotado,
sin poderme reportar,
meto mano, y no esperaron,
y criados que volvieron
seis coscorrones me dieron
y por necio me dejaron.
Yo en el campo me quedé
sin huir, y así la gloria
me dieron de la victoria.

Felipe   No hables más.

Frisón   Yo callaré.

Felipe   ¡Válgame Dios! ¡Jesús! ¡Qué doña Juana
de Aragón es mujer que me ha engañado!

¡Qué me ha salido mi esperanza vana!
¡Qué por el duque aleve me ha dejado!
Forzaríala el padre, cosa es llana;
mas, ¿qué albedrío se rindió forzado?
Ella de voluntad se casaría.
¡Mal haya el hombre que en mujeres fía!

Astolfo   Callad, que por ventura será engaño
y la verdad en Nápoles veremos.

Felipe   Verdad, marqués, será, siendo en mi daño.

Astolfo   ¡Hola! Postas nos dad. No hagáis extremos.
Desde hoy en mal o en bien os acompaño.

Felipe   Mi vida es vuestra.

Astolfo   Juntos moriremos,
que está ya vuestro agravio a cuenta mía.

Felipe   ¡Mal haya el hombre que en mujeres fía!

(Vanse, y salen el Rey, el Conde y el Varón.)

Rey   Sus colores sacar quiero
en estas fiestas mañana.
¡Ay divina doña Juana!
Llamad, conde, al camarero.

Varón   Hoy viene sin falta a ver
a la Reina, mi señora.

Rey   ¿Cuándo lo supiste?

Varón	Agora.
Rey	Varón, tuyos han de ser
	el alazán español
	que me envió el de Castilla,
	con caparazón y silla,
	y el bayo, que los del Sol
	deja atrás con ligereza,
	y tuyos aquellos tres
	en que subí ayer.
Varón	Los pies
	mil veces beso a tu alteza.
Conde	Ya viene, señor.
Rey	Ya viene,
	Varón. Idla a recibir.
	Vos, también podéis salir.
	Salid presto, ¿qué os detiene?
Conde	De aquesto admirarme quiero.
Rey	¿No basta quererlo yo?
Conde	Pues, ¿cuándo se recibió,
	señor, a tu camarero?
Rey	No le recibáis, Varón,
	que fue inadvertencia mía,
	entendiendo que venía
	doña Juana de Aragón.
Conde	Antes, señor, yo sospecho

que el duque y ella se van,
según dicen, a Milán,
y que [este] viaje está hecho.

Rey   Malas nuevas os dé Dios.

Conde   Ellos a decirlo obligan.

Rey   Yo quiero que ellos lo digan
y que no lo digáis vos.

Conde   Verdad es que en la ciudad
se publica y no se esconde.

Rey   No todas las veces, Conde,
se ha de decir la verdad.

Conde   Antes, señor, si la digo
es para que busques medio
para impedirlo.

Rey   Remedio
me dad, pues.

Conde   Tu gusto sigo.
Ofrécele tus galeras
y haz que el marqués las prevenga,
y di que los entretenga
con engaño en las riberas.
Y en tanto, puedes...

Rey   ¿Qué puedo?

Conde   Temo.

Rey	Acaba, ¿en qué reparas?
Conde	Tengo miedo.
Rey	Si tú amaras, no tuvieras, Conde, miedo.
Conde	Puedes hacer que le den muerte con secreto.
Rey	¿Muerte?
Conde	Sí, pues, ¿puedes de otra suerte gozar la ocasión más bien? Porque estando el duque vivo, será imposible vencella, porque la española bella le tiene amor excesivo.
Rey	Ése es muy grande subsidio.
Conde	Amor tiene aqueste imperio.
Rey	Dime, ¿no basta adulterio sin también homicidio?
Conde	David hizo con Urías lo mismo por Bersabé.
Rey	Después regó a Gelboé con llanto y lágrimas frías.
Conde	Pues tú harás eso después como David.

Rey

Tengo amor
al duque.

Conde

Templa, señor,
tu voluntad, si así es;
    que mal le puedes querer
bien, procurándole mal,
que no hay mal que sea igual
al codiciar la mujer.

Rey

Si él a la guerra se va
y queda acá doña Juana,
¿mi pretensión no está llana?

Conde

No, que se la llevará
    consigo, que agora son
recién casados.

Rey

Amigo,
siendo así, su amor maldigo.

Conde

Doña Juana de Aragón
    es noble, y aquesto baste,
y él vivo, no has de vencella.

Rey

Conde, yo muero por ella
después que me la nombraste.
    Muera el duque y muera el mundo,
que es justa razón y ley
que él muera y que viva un rey.

Conde

Yo en justa razón lo fundo.

Rey

Mueran mil duques.

Conde	Señor,
	hoy he de darle el papel
	y colegiremos de él
	si es invencible su amor.
	Si a él responde, aunque enojada,
	es pedir que otro le des;
	que ésta entre las damas es
	una lección muy usada.
Rey	Callad, que viene la Reina.
(Sale la Reina.)	
Reina	¿Qué hace vuestra alteza aquí?
Rey (Aparte.)	¡Oh, Reina! (Mas, ¡ay, que en mí
	sola doña Juana Reina!)
Reina	Este memorial me han dado
	unas pobres religiosas,
	que por ser de Cristo esposas
	el alma le han consagrado,
	y a vuestra alteza suplican
	que [las] mande remediar,
	que no pueden acabar
	una iglesia que fabrican
	por ser pobres y por ser
	de limosna lo que han hecho,
	y está la iglesia sin techo.
Rey	Mandad que le hagan hacer
	a mi costa luego. Conde,
	désele a su alteza gusto,
	fuera de que hacerlo es justo.

Adiós, mi señora.

Reina   ¿Adónde
se va tu alteza tan presto?

(Aparte.)   (Todos sus negocios son
con el conde y el varón.
No sé qué sospeché de esto.)

Rey   Ando, señora, ocupado
en una ocupación justa,
que escriben que en Famagusta
el Otomano ha juntado
alcaides y sus virreyes,
genizaros y galeras,
para robar las riberas
mías y de otros reyes.

Reina   Con tan justa ocupación
muy bien mis tratos se impiden.

(Sale un Criado.)

Criado   Licencia para entrar piden
doña Juana de Aragón
y el duque Mauricio.

Rey   Ella
[puede entrar] sola.

Reina   ¿Y él no?

Rey   Aquesto he mandado yo.

Reina   Doña Juana es muy bella.

Rey	Hermosa es y virtuosa.
Reina	Su virtud es manifiesta, y sé que es cuerda y honesta en el grado que es hermosa.

[Aparte al Varón.]

Rey	(Procura darle, Varón a esta divina mujer este papel.)
Varón	(Y ha de ser, señor, con esta invención.) Gran señora, una española que está triste y afligida, [.............. -ida] viviendo en Nápoles sola, aunque con su viuda madre, desea para vivir a la duquesa servir, atento a que fue su padre de los suyos en España criado, y este papel le envía, pintando en él su necesidad extraña. Yo se lo había de dar, pero mejor vuestra alteza lo alcanzará.
Rey	Su pobreza ya deseo remediar.

(Salen el Duque Mauricio y doña Juana.)

Mauricio	Dénos los pies, vuestra alteza.
Rey (Aparte.)	Duque, levantad del suelo, y vos, señora. (Del cielo es su divina belleza.)
Mauricio	Y vuestra alteza nos dé los pies también.
Reina	Duque, alzad, y vos, duquesa, os sentad aquí.
Juana	Bien así estaré.
Reina	Sentaos.
Mauricio	Mi padre me escribe que haga de la corte ausencia, y vengo a pedir licencia.
Rey	¿Para qué? ¿Tan mal se vive en mi corte?
Mauricio	Antes me muero en ausentarme, señor. Porque mi hermano mayor que es de Milán heredero, y señor de Lombardía, está malo y quiere verme, y mi padre, por tenerme consigo, a llamarme envía.
Juana	Yo vengo a que vuestra alteza

conozca en mí una criada.

Reina

Doña Juana, aficionada
vuestra virtud y nobleza
  me tiene, y sentiré mucho
que de Nápoles os vais,
porque todo lo alegráis.

Rey (Aparte.)

(Alma y sentido, ¿qué escucho?
  ¿Qué doña Juana se ha de ir?
¿Qué su Sol se ha de poner?
¿Qué al alma ha de anochecer,
y que he de poder vivir?)

Reina

  Tomad aqueste papel,
duquesa, y antes que os vais,
os encarezco que hagáis
todo lo que viene en él.

Juana

  ¿Qué me podéis mandar vos
en que yo no os sirva luego?

Reina

Esto, duquesa, os lo ruego,
porque es servicio de Dios;
  que si no, no lo pidiera.

Varón

(Ya el papel le dio, señor,
y le abre.)

Rey (Aparte.)

  (Ayúdame, Amor,
si estás en tu quinta esfera.)
  Duque, en notable ocasión
me desamparáis, pues, ¿cómo,
cuando yo las armas tomo

	y tremolo mi pendón,
	me desamparáis la tierra?
Mauricio	¿Pues, hay guerra?
Rey	Cruel y brava,
	que en paz Nápoles estaba;
	mas ya, duque, todo es guerra.
	Ya para causarme enojos
	el enemigo me acerca,
	y está de mí ya tan cerca
	que le miro con los ojos.
Mauricio	Yo no he llegado a entender
	que haya guerra en esta tierra.
Rey	Pues, hayla, y solo esta guerra
	vos en paz podéis poner.
Mauricio	Si en mí consiste la gloria
	no me iré.
Rey	Como no os vais,
	duque, y como os detengáis,
	yo saldré con la victoria.
Juana	Señora, en lo que el papel
	me pide, gusto recibo;
	mas estando el duque vivo
	todo corre a cuenta de él.
	Con él habla y no conmigo
	que cuando su esposa fui,
	la voluntad le ofrecí,
	y solo su gusto sigo.

Rey (Aparte.)   (¡Oh, qué discreta mujer!
                       Darme a entender ha querido
                       que está vivo su marido
                       y no le puede ofender;
                          pero que si muerto fuera,
                       su voluntad me entregara,
                       Bien su intento me declara.
                       ¡Muera el duque, el duque muera!)

Mauricio   ¿Qué es esto?

Juana   Manda su alteza
                       que este papel satisfaga
                       y una buena obra [se] haga
                       remediando una pobreza,
                          y a su alteza respondía,
                       mi señor, que sin licencia
                       vuestra, yo no...

Mauricio   Inadvertencia,
                       si es la hacienda vuestra y mía.
                          A su alteza le dad gusto
                       en lo que pide el papel.

Reina   Todo lo que pido en él,
                       duque Mauricio, es muy justo.

(Aparte el Rey, el Conde, y el Varón.)

Varón   Pues el papel ha leído
                       con gusto y no se ha turbado,
                       movido le ha tu cuidado
                       y tu afición le ha vencido.

Conde	Del papel respuesta espera.

Rey (Aparte.)	(Que dé muerte a su marido
	por cifras me ha respondido.
	¡Muera el duque, el duque muera!)
	    Duque, el turco en Famagusta
	ha juntado gruesa armada,
	y teniéndola cercada
	me han avisado que gusta,
	    antes que la señoría
	socorro envíe, tomarla,
	con intento de asolarla
	con Chipre y con Nicosía.
	    Y de aquí quiere bajar
	a nuestra costa y riberas
	a robar con las galeras;
	y esto lo he de remediar
	    con que vos, duque, al momento
	mi estandarte tremoléis
	y los hombros le doméis
	al turquesado elemento.
	    Que aunque el general Astolfo
	con serlo le satisfago,
	Príncipe del Mar os hago.
	Id, duque, y tomad su golfo;
	    que la duquesa os dará,
	Príncipe del Mar, licencia.
	[................. -encia].

Juana	Señor, si a serviros va, no es razón que yo lo impida.
Mauricio	Luego, señor, partiré, y en tu servicio pondré,

si te importare, la vida.

(Salen el marqués Astolfo y don Felipe.)

Astolfo	Vuestros pies, señor, me dad.

Rey Oh, marqués, habéis venido
a verme a tiempo escogido.
No estéis así, levantad.
    Dicen que el turco se ha entrado
a Famagusta.

Astolfo Señor,
por la costa ese rumor
se ha extendido y divulgado.

Rey Pues, id luego a acompañar
al duque hasta el mar, marqués;
que sois general, y él es
el Príncipe del Mar.

Astolfo ¿Príncipe del Mar?

Rey Sí,
que como aunque más importe
no puedo dejar la corte.
Hoy el duque va por mí.

[Aparte al Marqués Astolfo.]

Felipe (Marqués, estoy sin sentido.
¿Duermo acaso? ¿Estoy soñando?
Pienso que me está engañando
la vista, y pierdo el sentido.

¿No es éste el duque Mauricio?
Doña Juana de Aragón,
¿no es ésta? Sí, los dos son.
Loco estoy. Pierdo el juicio.
　　¿Cómo? ¿Qué mi esposa esté
con otro dueño a mis ojos?
¿Y que sufro estos enojos
y que muerte no les dé?
　　Ya no lo puedo sufrir.
Marqués, podéis perdonar,
que pues no puedo matar
quiero salirme a morir.

(Vase.)

Astolfo　　　　　Ya, señor, que mil mercedes
de vuestra mano recibo,
entre las muchas que os debo,
que me hagáis una os suplico.

Rey　　　　　Cualquier cosa que pidáis
daré con gusto infinito;
pedid, que yo os lo concedo.

Astolfo　　　　　Cosa honrada es la que pido.
Ya sabéis, señor, que soy
Cardona, y que soy sobrino
de los duques de Cardona,
honor de los blancos lirios.

Rey　　　　　Ya lo sé.

Astolfo　　　　　　　Pues hoy en nombre
de don Felipe, su hijo,

cito a plazo y pido campo.

Rey   ¿A quién?

Astolfo   Al duque Mauricio.
Y aquí con vuestra licencia,
gran señor, le desafío;
que quiere dar a entender
en la batalla mi primo
que la muerte de su hermano
alevosamente ha sido.

Mauricio   Y yo os suplico también
que lo otorguéis; que imagino,
con sola daga y espada,
sin armas ni peto limpio,
sustentaré lo contrario.

Rey   Pues, yo otorgo el desafío
para el día que volváis
triunfando del enemigo.

Astolfo   Soy contento.

Mauricio   Soy contento.

Astolfo   Nombre el duque su padrino.

Mauricio   Mi padrino será el conde.

Astolfo   Yo por don Felipe afirmo
que he de ser padrino suyo;
y serviros determino,
que no he de dejar por esto,

duque, de ser vuestro amigo.
[...................]

Rey	Duque, poneos en camino
	al momento, y vos, marqués,
	venid, porque hagáis lo mismo.
	Adiós, señora. De vos,
	duquesa, no me despido
	pues quedáis en nuestra corte.

Juana   Quedaré para serviros.

Reina   Vistadme, doña Juana,
                  que en veros gusto recibo.

Mauricio   Sé que [ella] se ocupará,
                  señora, en vuestro servicio.

Rey (Aparte.)   (Ay, conde, que voy sin alma.)

(Vanse todos y quedan la Reina y el Varón.)

Reina   Varón, mirad si ha venido
                  mi confesor.
(Vase el Varón.)   El papel
                  de las esposas de Cristo
                  es éste. Quiero que el conde,
                  pues el rey le ha remitido
                  su cuidado, se lo dé
                  al Varón. ¡Qué bien escrito!
                  ¡Con qué profunda humildad
                  su necesidad han dicho!
                  Quiero volver a leerle
                  aunque otra vez le he leído.

(Lee.)   «Duquesa, como el Amor,
como al parecer es niño,
es dios invencible y fuerte
contra Aníbales y Pirros,
y son de sus pies alfombras
cetros, espadas y libros
sin respetar mi grandeza,
me ha atropellado y vencido.»

¡Oh, infamia! ¿A una honesta dama?
¡Oh, engaño! ¿A un noble marido!
¿Que aquesto intenten los reyes
sin advertir los abismos?
¡Ah, conde y varón aleves!
¡Ah, engañosos cocodrilos,
aduladores del gusto
y de las almas martirio!
¡Qué trocase los papeles
Dios —¡viles!— lo ha permitido!

(Sale el Varón.)

Varón   No ha venido el confesor.

Reina   No importa, que ya ha llegado,
Varón ingrato y traidor,
un mudo que ha confesado
vuestros pecados y error.
   Y porque ha llegado a haber
tan poco arrepentimiento
en vuestro vil proceder
no os quiere absolver, y siento
yo que no os quiera absolver.
   Mas mirad vuestra conciencia

si podéis reconoceros,
y si por vuestra insolencia
no quiere agora absolveros,
no excusa la penitencia.
   Y quizá será tan fuerte
y tan corto y breve espacio
que vuestras culpas concierte;
si no, dejáis mi palacio
por excusar vuestra muerte.

(Vase.)

Varón
   Hasta la Reina ha entendido
el engaño y falsedad.
Mi intención ha conocido.
¿Qué haré, si con la verdad
mi mentira ha convencido?
   ¿En qué opinión me tendrá?

(Sale el Conde.)

Conde
¿El rey ha salido acá?

Varón
No, conde, mas nuestro engaño
ha salido por mi daño
donde descubierto está.
   La Reina trocó el papel
y nuestra baja intención,
sin duda, ha leído en él.

Conde
¿Esto te causa pasión?
El rey responda por él;
  que sabrá bien disputallo.
El rey solamente Reina;

sírvele como vasallo.

Varón   Temo enojar a la Reina.

Conde   Anda, que el rey es mi gallo.

Fin de la primera jornada

Jornada segunda

(Salen don Felipe y Astolfo.)

Astolfo   Y dice de aquesta suerte
la instrucción: «Marqués Astolfo,
antes de pasar el golfo
le dad al duque la muerte
    con secreto, porque importa
a mi servicio real;
que con su muerte un gran mal
en nuestros reinos se acorta.
    Y en ella recibiré,
marqués primo, gran servicio,
y muerto el duque Mauricio
su mismo oficio os daré.
    Yo el rey». Esto se ha de hacer;
esta noche ha de morir.
[.................. -ir]

Felipe   Siendo así, no podrá ser
    el desafío conmigo.

Astolfo   Si es vengaros vuestro intento,
mejor ocasión no siento,
para que vuestro enemigo
    con su muerte os dé venganza,
que es ésta, y si ésta perdéis,
digo que perder podéis,
don Felipe, la esperanza.
    ¿Vos pretendéis más honor
que vengaros? Pues el rey
con su palabra que es ley
se hace de su muerte autor;

y en este papel os da
para matarle licencia.
Conde, grande impertinencia
dejarlo de hacer será.

Felipe   Astolfo, tenéis razón;
mas eso no me contenta,
que es venganza con afrenta
darle muerte con traición,
   y no cabe en caballeros.
Y así, cuando él me matara
en desafío y mostrara
más valor y más aceros,
   quedara con más honor
que en vencerle de esta suerte;
pues quedo, dándole muerte,
vencido, aunque vencedor.
   Pero si al rey le ha de dar
gusto, pues él lo mandó,
quiero aquí matarle yo,
pues otro le ha de matar.

Astolfo   Pues aquesta noche quiero
que con vos cuatro soldados
valientes y enmascarados
le deis muerte al duque fiero.

Felipe   Contadle, primo, por muerto.

Astolfo   Yo me voy.

Felipe   Yo a traer
los soldados que han de ser
cómplices en el concierto,

	y conmigo le darán
	a este ingrato muerte esquiva.
Astolfo	¡El rey en Nápoles viva,
	y alborótese Milán!

(Vanse y salen el Duque y Carlos.)

Mauricio	¿Queda la duquesa buena?

Carlos	Mucho ha sentido tu ausencia.

Mauricio	Presto veré su presencia
	si mi ausencia le da pena.
	Que sin duda fue fingida
	la fama de aquesta guerra,
	porque está toda la tierra
	en dulce paz divertida.

(Sale don Felipe.)

Felipe	Señor, si me das licencia
	y estos criados lugar,
	dos palabras quiero hablar
	con secreto a vueselencia.

Mauricio	¿Son de importancia?

Felipe	Sí, son.

Mauricio	¡Hola! Salíos allá fuera.
	Ya podéis hablar.

Felipe	Quisiera,

pues hay tan buena ocasión,
    preguntaros si algún día
me habéis visto.

Mauricio   Juraré
que jamás es vi ni hablé.

Felipe   Ésa es la desdicha mía;
    que os he deseado hallar,
y mucha tierra he corrido,
y tan desdichado he sido,
que nunca os pude encontrar.
    Y, pues, ya con vos estoy,
y aunque os hablo no lo creo.
Sabed, señor, que deseo
que con vuestros ojos hoy
    veáis a lo que os envía
el rey a aquestas riberas
coronadas de galeras;
y para aquesto quería
    que en mi palabra fiado
conmigo, señor, vengáis
donde la verdad veáis.

Mauricio   No entiendo, señor soldado,
    lo que dice.

Felipe   Pues, señor,
digo que me acompañéis,
pues sois príncipe y tenéis
prudencia, esfuerza y valor,
    y la ocasión de esta guerra
sabréis, y veréis del rey
la intención.

Mauricio	La noble ley
	que mi corazón se encierra
	me obliga a salir con vos,
	aunque el ánimo me engañe.
	¿Llamaré a quien me acompañe?
Felipe	Importa ir solos los dos.
Mauricio	Vamos, soldado, al momento
	que al rey quiero obedecer
	y su intención quiero ver.
Felipe (Aparte.)	(¡Bien se ha logrado mi intento!)

(Vanse y salen Astolfo y Frisón.)

Frisón	Suplico a vueseñoría
	despache este memorial.
Astolfo	¿Qué pides en él?
Frisón	Querría,
	pues vusía es general,
	se me dé una compañía,
	atento que soy soldado
	viejo en años y vestido,
	y de puro acuchillado
	no hay soldado tan rompido,
	tan diestro y ejercitado.
Astolfo	¿Y sabrás tú gobernar,
	dime, Frisón, los soldados?
Frisón	Sí, porque sabré mandar

a los más fuertes y honrados,
[.............. -ar].

Astolfo Bueno está, por vida mía;
[.................... -ón]
[.................... -ía].
Ve a dar con este doblón
socorro a tu compañía.

Frisón Darle sin doblón pudiera
a mi ejército valiente,
que aunque no está por de fuera,
se aloja toda mi gente
en las calzas y en la cuera.
[.................... -ino]
[.................... -or]
[.................... -ino]
¿No finjo muy bien, señor,
un capitán?

Astolfo Y sois digno
de serlo por lo rompido
ya que no por lo soldado.

(Salen con máscaras don Felipe y el Duque.)

Felipe Ya yo vengo prevenido
y traigo un hombre a mi lado,
en todo el campo escogido;
no hay para aquesta ocasión
hombre más propio; sin él
no lograrás tu intención.

Astolfo Pocos sois.

58

Felipe	Basta con él.
Astolfo	Ponte a esta puerta, Frisón, y nadie pase de ahí.
Frisón	Mi padre no pasará.
Felipe	Tu intención, marqués, le di, aunque ya informado está de todo el caso de mí.
Astolfo	Soldado, importa al servicio del rey que le deis la muerte.
Mauricio	¿A quién?
Astolfo	Al duque Mauricio, que yo cumplo de esta suerte con su gusto y con mi oficio. Aqueste papel mirad; que aunque al parecer es mudo, él os dirá la verdad.
Mauricio	¿El duque Mauricio? Dudo, señor, esta variedad.

(Léele Mauricio.)

Astolfo	Importa para el secreto que los dos, enmascarados, pongáis su muerte en efeto, que en nombre del rey, soldados, el galardón os prometo.

Mauricio (Aparte.)   (¡Válgame Dios! Ya yo he visto
                       la firma y orden del rey;
                       mal mi cólera resisto.)

Felipe   Pues su voluntad es ley,
                       y su voluntad conquisto.
                            ¡Muera el duque!

Astolfo   Es menester
                       el modo agora advertir.
                       Él se suele recoger,
                       como acostumbra, a escribir
                       a su adorada mujer.
                            Y es en él tan ordinario
                       el escribir cada día,
                       [................ -ario],
                       que aun sus secretos no fía
                       de su mismo secretario.
                            Y hoy un gentilhombre suyo,
                       de su mujer despachado,
                       trajo un pliego, y de esto arguyo
                       que escribiendo retirado
                       ha de estar.

Felipe   El orden tuyo,
                          marqués se ejecutará,
                       si escribiendo de esa suerte
                       retirado y solo está.

Astolfo   Yo sé muy bien que su muerte
                       su alteza os la premiará.

Mauricio (Aparte.)   (¿Hay crueldad en las montañas
                       de Hircania? ¿Hay monstruo fiero

de tan bárbaras entrañas?)

Felipe   Marqués, con su muerte espero
que el rey premie mis hazañas.
    Dadme la llave.

Astolfo   Tomad.
Luego en dándole la muerte,
a mi cuarto os retirad;
y porque mejor se acierte,
todas la puertas cerrad.

Mauricio (Aparte.)   (¿Que esta maldad se concibe
contra mi celo? ¡Ah, cruel,
tu intención el mundo escriba!)

Astolfo   ¡Muera, amigos, este infiel,
y el rey de Nápoles viva!

(Vase.)

Felipe   ¿Qué dices de este concierto?

Mauricio   Que estoy loco, y estoy tal
que a responderte no acierto,
que descubriste mi mal,
con estar aquí encubierto.
    Tú, con tu máscara, amparas
mi vida, y porque me asombre
una traición me declaras,
y así eres el primer hombre
que no es traidor con dos caras.
    Cuando por ser mi homicida
enojado de esta suerte

el rey quede, si se olvida,
me da sin máscara muerte.
Tú con ella me das vida.
    Con las dos caras, amigo,
descubres la noble ley
a quien ya obedezco y sigo,
dándome a entender que el rey
tiene dos caras conmigo.
    Y, pues, en mí también ves
dos caras que honras y tocas,
tus pies es bien que me des,
que es razón que con dos bocas
bese, amigo, tus dos pies.
    Sirven de lauro a mis sienes.

Felipe   Levanta.

Mauricio   ¡Oh, señor! ¡Oh, amigo!

Felipe   ¡Señor!

Mauricio   Pues mi bien previenes,
        ¿quién eres?

Felipe   El enemigo
mayor que en el mundo tienes.
    Sosiega agora tu pecho,
duque, y nueva vida cobra;
y está de mí satisfecho,
pues te hago esta buen obra
por mil malas que me has hecho.
    Aunque esta vida me pidas,
otra me debes que aun hoy
viertan sangre sus heridas.

Pero yo aquí te la doy,
porque me debas dos vidas.

Mauricio   ¿Quién eres?

Felipe   Después sabrás
quién soy.

Mauricio   Si mi ruego es parte,
¿quién eres no me dirás?

Felipe   Soy quien desea matarte,
y no me preguntes más;
   mas antes que Astolfo vuelva,
mira lo que se ha de hacer.

Mauricio   Aunque el discurso revuelva,
no halla el alma parecer,
amigo, en que se resuelva.
   No entiendo, aunque no reposa
mi corazón, la razón
de esta muerte rigurosa;
mas pienso que la ocasión
es tener mujer hermosa.

Felipe   Vete a Sicilia o Milán
donde vivas encubierto,
y en Nápoles pensarán
que eres muerto, y sin ser muerto,
vida tus penas tendrán.
   Y a Milán te llevaré
tu esposa, y de hacerlo así
te doy mi palabra y fe.

Mauricio	Ay, amigo, ¿cómo aquí tanta merced pagaré?
Felipe	Levanta, que tiempo habrá de pagarme. Ese criado que en aquesta puerta está, de su muerte descuidado, Astolfo muerto verá; con tus vestidos cubierto, que su cabeza cortada les hará el caso más cierto, y de esta suerte el armada te tendrá, duque, por muerto.
Mauricio	Pues, ¿por qué quieres que muera, amigo, aqueste inocente?
Felipe	Criado es mío, y si fuera o mi amigo o mi pariente por ti aquí lo mismo hiciera. Frisón.
Frisón	Señor, convidóme al sueño el viento ligero de la puerta, y derribóme.
Felipe	¡Por Dios, que eres buen portero!
Frisón	El sueño ha sido; vencióme.
Felipe	El rey me manda que luego te mate.
Frisón	Señor, ¿por qué?

Felipe	Te mate.
Frisón	¿Es burla o es juego?
Felipe	Hoy con tu muerte pondré en todo un reino sosiego.
Frisón	Pues, señor, ¿qué ha cometido este mísero gascón? Yo al rey, ¿en qué le he ofendido? ¡Ay, desdichado Frisón, nunca te hubieras nacido!
Felipe	Hoy el rey duque te ha hecho, y con tu muerte se paga de tu heroico y noble pecho.
Frisón	No quiero que duque me haga si me ha de hacer mal provecho. Deja que haga penitencia siquiera un año, señor; ruégueselo vueselencia.
Mauricio	Yo, amigo, a vuestro rigor le quiero hacer resistencia. Un esclavo de galera quiero que muera por él.
Frisón	Señor, el esclavo muera, que hartos moros tiene Argel.
Mauricio	O sea de esta manera: póngase aqueste vestido que traigo, y por él será

este hombre desconocido
y vivo le engañará
por muerto, siendo fingido.

Frisón   No, señor, de ningún modo.

Felipe   No te alteres, ¿qué te alteras?

Frisón   Mal a morir me acomodo;
                          pensarán que no es de veras,
                          y mataránme del todo.

Mauricio   Nosotros te guardaremos.

Felipe   Ven, y te desnudarás
                          y el vestido te pondremos.

Frisón   Pobre Frisón, ¿dónde vas?

Mauricio   Sosiega y no hagas extremos;
                            con amigo tan leal,
                          mi remedio llevo cierto.

Felipe   Soy francés.

Mauricio   Y principal.

Frisón   Ya sospecho que voy muerto,
                          porque voy oliendo mal.

(Vanse y salen Astolfo, Carlos, Alberto, capitanes, y Leonardo.)

Leonardo   Quisiera luego hablar a su excelencia,
                          y hanme dicho que escribe retirado

a la duquesa.

Astolfo   Aflígele la ausencia.

Alberto   Yo vengo de domar el turquesado
                 Mediterráneo Mar desde Cocencia
                 hasta la Notodía, y no he dejado
                 embarazo aun en lumbres y atalayas
                 en cuanto argenta el mar y ve sus playas.

Astolfo   Sin duda no dejó a Constantinopla
                 la turca armada, que la mar no muestra.

Leonardo   Pues, viendo fresco por Bolina sopla;
                 zarpe mañana a Nápoles la nuestra.

Carlos   El morrión, el peto y la manopla,
                 el arcabuz o raya que le adiestra,
                 robó Milán de Júpiter Olimp[i]o.
                 En paz cobra de orín su rostro limpio.

(Dentro.)

Mauricio   ¡Prended esos traidores, que me han muerto!

Astolfo   La voz del duque es ésta, caballeros;
                 acudid, no suceda un desconcierto.

Carlos   Dos alas me pondré en los pies ligeros.

[Dentro.]

Mauricio   El pecho con sus puntas me han abierto
                 dos hombres con dos máscaras.

Leonardo	¡Ah, agüeros funerales y tristes de la guerra!

Astolfo	¡Ármese el campo y tálese la tierra!

(Vanse todos y queda Astolfo, y sale el duque Mauricio con máscara.)

Mauricio	Ya queda el duque muerto.

Astolfo	¡Oh, gran ventura! Un caballo te aguarda con secreto. Que dé [s]u confusión la noche oscura. Te escapa, por agora, de este aprieto; que por el rey mi pecho te asegura el galardón; pues tuvo el caso efeto. ¿Que ya el duque murió? ¡Dichosa herida!

Mauricio (Aparte.)	(No, que Dios quiso conservar mi vida.)

(Vase el duque [Mauricio] y sale Carlos.)

Carlos	¿Pudiera acontecer entre los Scitas un caso semejante? ¡Oh, gente fiera! ¡Qué con traiciones mi señor me quitas! ¿Engendróte del Tanais la ribera? Y tú, marqués Astolfo, ¿que permites que a un príncipe le den la muerte fiera traidores en palacio sin buscarlos? Pues, no los buscas, búscalos Carlos.

(Saca don Felipe a Frisón lleno de sangre con la ropa del duque [Mauricio] y [salen] Alberto y Leonardo.)

Felipe	Detened esa gente.

Astolfo	¡Oh, caso triste!
Felipe	Mientras yo el cuerpo en mi aposento encierro los traidores buscad.
Carlos	Ya se reviste el infierno en mi pecho, infame hierro, que muerte a un ángel sin razón le diste.
Astolfo	Antes que el funeral y triste entierro al cuerpo se haga, mueran los autores de esta maldad.
Alberto	¡Al arma!
Leonardo	¡A los traidores!

(Vanse y quedan Frisón y don Felipe.)

Frisón	¿Puedo resucitar? ¿Puede este muerto volver a la otra vida? ¿Por ventura otro embeleco, engaño o desconcierto tu ingenio contra mí tratar procura?
Felipe	Alzate, cuero.
Frisón	Si eso fuera cierto, no fuera para mí poca ventura; que aunque he querido aquí mostrarme fuerte, más la sed he sentido que la muerte.
Felipe	Lávate el rostro y quítate el vestido, y en Nápoles me aguarda.

Frisón	¡Qué excelencia me han llegado a llamar! ¡Que duque he sido! Pero tengo de duque preferencia.
Felipe	Camina, acaba, que serás sentido, y deshará el engaño tu presencia.
Frisón	El vino y el amor son compañeros, que vemos que los dos andan en cueros.

(Vanse y salen doña Juana, el Varón, el Conde, el Rey, y doña Inés.)

Juana	¿En mi casa vuestra alteza? ¿Tanto al duque engrandecéis?
Rey	Vos, señora, merecéis mayor honra y más grandeza. Sentaos.
Juana	Bien estoy así.
Rey	Sentaos, o estaré en pie.
Juana	En tierra me sentaré.
Rey	Sentaos aquí junto a mí. ¿Habéis tenido, señora, nuevas del duque? ¿Está bueno?
Juana	A lo menos está ajeno de que así le honréis agora.
Rey	¿Tenéis cartas?

Juana	No, señor;
	que es el duque descuidado.
	Ayer envié un criado
	a verle.
Rey	Marte y Amor
	juntos no pueden vivir,
	y así, como se reparte
	agora en casos de Marte,
	no se acuerda de escribir.
	Calor hace.
Juana	Está esta pieza
	poco fresca.
Rey	Así es verdad,
	un poco de agua me dad.
Juana	Doña Inés, agua a su alteza.
	¡Presto! Señor, si supiera
	que vuestra alteza venía
	a honrarme, para este día
	el fénix apercibiera,
	tanto en serviros me fundo.
Rey	Duquesa, donde estáis vos
	no falta, que quiso Dios
	haceros fénix del mundo.
Inés	Señora, el agua está aquí.
Juana	Muestra; beba vuestra alteza.
Rey (Aparte.)	(¡Oh, soberana belleza!)

Pues yo, ¿cuándo agua pedí?

Juana
    Agora.

Rey
    ¿Yo?

Juana
        Sí, señor,
si no me engaño.

Rey
       Duquesa,
agua pedí, pero es ésa
poca para mi calor;
    levantaos, no estés así.

Juana
Agua su alteza pidió,
y así solo sé dar yo
el agua que traigo aquí.
    Y del agua que os entrego
la calidad conoced,
que es buena para la sed
y no es buena para el fuego.
    Lleva el agua, doña Inés,
que me ofende y descompone,
y vuestra alteza perdone
si aquí he andado descortés.

Rey
    Aguardad, señora mía,
que he venido a visitaros,
y dejarme y disgustaros
parece descortesía.
    A vuestras manos llegó
de las mías un papel,
y visteis mi amor en él,
que mi lengua os retrató.

	Yo os lo vi con gusto igual
	leer, y la que recibe
	un papel que se [le] escribe,
	y calla, no quiere mal.

Juana
    ¿Yo? ¿Papel? ¿Yo he recibido
de vuestra alteza papel?
¿Y yo he visto cosa en él
que ofendiese a mi marido?
    A vuestra alteza engañó
alguno de sus terceros.
¿Si en pecho de caballeros
engaño y traición se vio!
    Solo mi esposo en mí Reina,
y estáis agora obligado
a un esposo tan honrado
y a mi señora, la Reina.

(Vanse doña.)

Rey
    Espera, aguarda.

Varón
            No oyó,
y si oyó de alguna suerte,
no ha querido responderte
y en resolución se entró.

Rey
    ¿Fuése?

Conde
    Bien claro se ve.

Rey
    ¡Oh, mujer sola invencible!

Varón
    Ven y déjala.

Rey   ¿Es posible
                que me dejó y que se fue?

Conde   Fuése, que no era razón
                que a la visita primera
                a tu voluntad rindiera,
                gran señor, la posesión.

Varón   Ven, no des qué sospechar
                al reino.

Rey   Tienes razón.
                ¡Ay, sirena de Aragón,
                nunca pasaras el mar!

(Vanse y salen doña Juana y doña Inés.)

Inés   ¿Agora creerás que es
                verdad lo que te he contado?

Juana   Tienes razón, doña Inés;
                mas no ha de quedar manchado
                el honor aragonés.
                   Irme con el duque quiero
                por librarme de este fiero.
                Prevengan coches mañana
                cuando de entre nieve y grana
                salga el Sol y huya el lucero.

(Sale Carlos.)

Carlos   Déme los pies, vueselencia,
                si por suerte de [besarlos]

el dolor me da licencia.

Juana   ¿Con llanto y lágrimas, Carlos,
vuelves hoy a mi presencia?
    Dime qué te ha sucedido.
¿Alguno te ha desmentido,
o algún traidor agraviado?
¿Hase tu dama casado
o mi esposo despedido?

Carlos   Las lágrimas en los ojos
muchas veces son palabras
que imprimiéndose en el rostro
las desventuras declaran.
Llegué, señora, a la corte,
ciudad formada en el agua;
hallé al duque mi señor
en tierra, dile tus cartas.
Tomólas, y antes de abrirlas
enternecido me abraza.
Pero estando respondiendo,
con llaves propias o falsas
dos hombres enmascarados
entraron hasta su cámara
y del descuidado pecho
hicieron sangrientas vainas,
porque sin ellas venían
sus alevosas espadas.
Dio voces a los traidores:
«¡Qué me matan, qué me matan!»
Y acudí de los primeros,
yo que con Astolfo estaba.
Allegué, señora, a verle
—¡nunca yo a verle llegara!—

antes el alma saliera
a traición por las espaldas.
Hallé a la entrada, señora,
muerto a aquel lebrel de Irlanda
que estimaba el duque, y luego,
sobre las losas heladas
que piadosas recogían
la sangre que derramaba,
al duque muerto, y quedéme
sin alma al verle sin alma.
Entró conmigo a las voces
un caballero de Francia,
del duque amigo y de Astolfo
compañero y camarada.
Mientras el [cuerpo sangriento,
alma] llorando, le enlaza;
yo salí con voces fieras
incitando a la venganza.
Júntanse los capitanes,
alborótase la armada,
pero sin duda la tierra
[les] escondió en sus entrañas.
Acudió la soldadesca
a verle, pero ya estaba
metido en un aparato
entre sus funestas hachas.
[Y] al fin, señora, metido
en una enlutada caja,
hoy a Nápoles le traen
con roncas trompas y cajas.
Los traidores se escaparon,
aunque el campo murmuraba
que era por orden del rey
esta tragedia y desgracia.

Juana	¿No hay quién mate a [este] aleve?
	¡Calla infame, infame calla,
	que son mortales tus nuevas
	y con tus nuevas me matas!
	Deja el filo de la lengua
	y ése de la espada saca,
	¡que dé venganza la vista
	si está sin venganza blanca!
Inés	Ten, señora.
Juana	¡Ay, doña Inés,
	nunca yo dejara a España!
Inés	Repórtate.
Juana	¡Ay, compañera,
	déjame quejar con causa!
	Plega a Dios, rey enemigo,
	que te suceda una infamia,
	si puede ella en los reyes,
	para que me [dé] venganza.
	Carlos, ¿son las nuevas ciertas?
Carlos	Ciertas son, señora.
Juana	Calla.
	¡Ah, Nápoles alevosa!
	¡Oh, aleve y traidora patria
	de un rey que a Comodo imita
	en el trato y las hazañas.
Inés	Salgamos de ella, señora,

77

que algún mal nos amenaza.

Juana   Bien dices. Prevénme postas,
don Carlos, para mañana.

Carlos   En Milán está su suegro,
a Milán en postas pasa,
con un vestido del duque,
mi señora, disfrazada,
porque nadie te conozca,
que ésta es industria gallarda.

Juana   Pues así saldré esta noche
antes que recuerda el alba;
y así vestida veré
a la Reina, que es Madama
una virtuosa señora,
y le diré mis desgracias.

Carlos   Vamos, pues, a prevenirnos.

Juana   ¡Ay, esposo de mi alma!

(Vanse y salen la Reina, el Conde, y el Varón.)

Reina   Yo os he mandado llamar,
Conde y Varón, porque quiero
un caso comunicar
con los dos, del cual espero
en secreto remediar.
   Hanme dicho que la guerra
a que fue el duque es fingida,
y que en paz está la tierra,
y ha de quitarle la vida

el rey; que al mar le destierra.
Y he sabido que lleváis,
los dos juntos como estáis,
recados a la duquesa,
y a la noble aragonesa
afligís y amenazáis.
Y siendo de aquesta suerte
quiero, y es mi voluntad,
pues así el rey se divierte,
que os salgáis de la ciudad
o os mandaré dar la muerte.

Conde   Señora, a su majestad
no dañan nuestros consejos,
porque un rey con voluntad
atropella los consejos.
[................. -ad].
Y todos los que le doy
son saludables, que soy
un honrado caballero.

Reina   Conde, disculpas no quiero.
Salíos de Nápoles hoy.

Varón   También es mucha pasión
la de vuestra alteza así.
Desterrarnos no es razón;
el rey tiene un padre en mí.

Reina   Ya os conozco, Varón.

(Sale un Criado.)

Criado   Sobre un negocio importante

pide audiencia un capitán.

Reina   Entre.

(Sale Frisón.)

Frisón   Señora, delante
de todos los que aquí están
quiero hablarte, y no te espante.
   Ya queda el duque Mauricio
muerto, señora, a estocadas;
yo he cumplido con mi oficio
y de hazañas tan honradas
solo el galardón codicio.
   Que por más señas, señora,
traigo su mismo vestido,
y, pues, tu alteza no ignora,
[................ -ido]
bien puedes premiarme agora;
   que no me contentaré,
según el servicio fue,
que juro a fe de criado.

Reina   ¡Hola! Prende este soldado.

Frisón   ¿A mí, señora? ¿Por qué?
   ¿Este pago se me da
de haber servido a tu alteza?
Muerto por mi mano está
el duque, y esta braveza
solo don Frisón la hará.

Reina   Hacedle luego colgar.
Frisón   ¿A mí? No cuelguen, señora;

	el rey me lo hizo matar.
Reina	Llevadle.
Frisón	Yo muero agora solamente por hablar.

(Llévanle.)

Conde	¿Posible es que vuestra alteza crédito a un lacayo dé, sabiendo nuestra nobleza?

Reina	Sí se le doy, porque sé
	vuestro vil trato y torpeza.
	    Yo quiero que el mundo entienda
	vuestras maldades y errores;
	quiero llamar quien os prenda,
	que habéis de morir traidores,
	aunque mi esposo os defienda.
	    ¡Ah, de mi guarda!

Conde	No hay hombre que ose llegar a los dos.
Reina	Yo haré, viles, que os asombre mi castigo.
Conde	¡Vive Dios, que es éste tu trato y nombre!
Reina	¿Esto se ha de consentir? ¡Hola!

Conde	A su alteza diremos lo que...
Reina	¿Qué habéis de decir traidores?
Varón	Lo que sabemos de tu adúltera vivir.
Reina	¡Oh, lenguas descomulgadas! ¿Adúltera? ¡Yo estoy loca!
Varón	¡Adúltera! ¿Qué te enfadas?

(Sale el Rey.)

Rey	«Adúltera» en vuestra boca, y empuñadas las espadas? Prended al conde y varón.
Reina	Con las alas que [les] dais han volado a esta traición, y si no se las cortáis veréis mayor perdición. Su atrevimiento no siento, pero solo siento aquí que seáis el instrumento; que el menospreciarme a mí les ha dado atrevimiento. Con sus espadas airadas buscan mi ofensa y mi mengua, de vuestra lengua incitados, pues cortan por vuestra lengua las lenguas de sus espadas.

A la Reina han ofendido
y a vuestra mujer. Si hay ley
que no abone su partido,
o castigad como rey
o vengad como marido.

(Vase la Reina.)

Rey   ¡Hola! Solos nos dejad.
¡Vive Dios, hombres traidores!
[.................... -ad]
¡Qué os he de matar!

Varón   ¡Qué ignores,
gran señor, nuestra lealtad!

Rey   Decidme, ¿por qué sacasteis
las espadas, y por qué
«adúltera» la llamasteis?

Conde   ¿Adúltera? Yo me erré.

Rey   Ya yo sé que no os errasteis,
   porque si por yerro fuera,
no sacárades la espada
con vuestra Reina, que era
[................ -ada]
crimen lese. Hablad.

Varón   Espera.

Rey   Decid la verdad que os pido,
que «adúltera» oí llamar
a la Reina, y he querido

	a solas averiguar la verdad como marido.
Conde	Señor, su alteza...
Rey	Acabad.
Varón	Señor, su alteza, tu esposa...
Rey	No me neguéis la verdad.
Conde	Es honesta.
Varón	Y virtuosa.
Rey	Pues, siéndolo, aquí hay maldad; que llamar a mi mujer «adúltera», siendo honesta, maldad vuestra viene a ser.
Conde (Aparte.)	(¡Cielos! ¿Qué afición es ésta?)
Rey	Hoy en fuego habéis de arder. Los dos habéis de morir en mis manos de esta suerte. Vivos no habéis de salir.
Conde	Señor, pues me das la muerte, la verdad quiero decir. Ella comete, señora, adulterio con un hombre...
Rey	¡Callad, callad!

Conde	Y tu honor...
Rey	¿Que esto escucho y no me asombre? Tú mientes, conde traidor. Di tú la verdad, Varón.
Varón	Es adúltera tu esposa.
Rey	Ciertas mis desdichas son. ¡Oh, adúltera virtuosa! ¡Pintado y loco pavón! Mira en círculos tus pies y quedarás afligida. ¿Al fin, que adúltera es?
Conde	Señor, honra, hacienda y vida [me son] de poco interés para servirte; mas todo lo ofrezco para vengarte.
Varón	Imagina, y busca modo.
Rey	¿Con qué hombre y en qué parte me ofende?

Conde (Aparte.)	(Mal me acomodo
	    a fingir; mas, ¿qué diré?)
	 Con un hombre estaba hablando,
	 señor, cuando yo llegué.
	 Yo le vi, y en llegando
	 la espada desenvainé;
	    y él en viéndonos huyó.
	 Yo como huir le vi,
	 y que a los dos se escapó,

dije: «Adúltera», y allí
luego su alteza llegó.

Rey

¡Ah, caballeros leales,
yo el galardón os prometo!

(Aparte.)

(¡Que en las personas reales
haya infamia! ¡Qué sujeto
esté un rey a tantos males!
    Castigo del cielo ha sido
que al duque mandé matar.
Ya estoy de ello arrepentido.
Quiero a Astolfo despachar
que quizá no habrá podido
    darle muerte y por ventura
su vida restauraré.
Dios castigarme procura.)

Conde

¿Cómo saldrá y saldré,
Varón, de aquesta locura?

Varón

    Como por guardar la vida
cualquier cosa se ha de hacer,
¡muera esta fiera homicida!

Rey (Aparte.)

(¡Jesús! No puedo creer
de la Reina; que es fingida.
    Mas quiero disimular.)
Los tres esta noche, conde,
los habemos de aguardar.

Conde

Muy bien dices. Yo sé dónde,
señor, habemos de estar;
    mas también podía ser
que esta noche no viniese.

Rey	Pues, alguna ha de volver.
Varón (Aparte.)	(¡Oh, si el infierno pudiese alguien con esta mujer!)
Rey	En mi cámara estaré, Varón, mi muerte aguardando.
(Aparte.)	(¡Ah, Reina ingrata y sin fe!)
Varón	Disimula.
Rey	Voy rabiando.
Conde (Aparte.)	(¡Bien las vidas escapé!)

Fin de la segunda jornada

Jornada tercera

(Salen el duque Mauricio [y] Coridón, Gaceno, y Claudio, cantando. Cantan.)

[Los tres]   «¡Qué lindo que sale el Sol
                  cuando despierta el albor,
                  y cuando se va a acostar,
                  qué lindo que entra en el mar!»

Mauricio   Estoy muy agradecido
                  de vuestro celo.

Coridón   Señor,
                  yo quisiera haber corrido
                  los prados, sin dejar flor
                  en su tapete florido,
                      para echar a vuestros pies
                  desde la que al nacer llora
                  y agora jacinto es,
                  y hasta la que se enamora
                  de sí.

Mauricio   Amigos, después
                      que con vosotros estoy,
                  con las fiestas que me hacéis,
                  mi pena aliviando voy.

(Salen Julio con Frisón atado y Lupercio.)

Julio   ¡Labradores!

Gaceno   ¿Qué queréis?

Julio   ¿Sabéis acaso quién soy?

Coridón	No lo queremos saber.
Julio	De su alteza soy criado.
Claudio	¿Del rey o de su mujer?
Julio	De la Reina, y me ha mandado que aquí viniese a traer un hombre para matalle, porque ésta es su voluntad, y la muerte habéis de dalle.
Claudio	¿Y aquí, su paternidad, mandó traer a este valle?
Julio	Sí, amigos, porque dio muerte...
Mauricio	¿A quién?
Julio	Al duque Mauricio, que él lo afirmó de esta suerte. Y [puesto] que a su servicio importa, el más bravo y fuerte garrote luego le dé.
Coridón	¿Qué haremos, señor?
Mauricio	Liballe, y así le conoceré, y éstos dos dejen el valle.
Lupercio	¿No le matáis?
Claudio	¡No, a la he!

Lupercio	Pues, siendo orden de su alteza, ¿no le obedecéis, villanos?
Claudio	Vos tenéis mucha nobleza; idos, ¿no llevéis las manos en somo de la cabeza?
Julio	¡Oh, villanos!
Coridón	¡Muera luego [............. -on] con ese otro palaciego!
Gaceno	Sigámosle, Coridón.
Julio	De vuestras manos reniego.
Lupercio	¡Villanos! Yo haré venir quien os dé a todos la muerte.
Coridón	¡Aguarda, no podréis ir!
Julio	¡Huye!
Lupercio	¡Plegue a Dios que acierte a escaparme sin morir!

(Huyen y van tras ellos [los villanos].)

Mauricio	Hombre, ¿quién eres?
Frisón	Señor, soy un [desdichado gascón],

mártir por ser hablador.

Mauricio   ¿Y es tu nombre?

Frisón   [Su servidor]
desde que nací, [Frisón].

Mauricio   En efecto, ¿tú le diste
la muerte al duque?

Frisón   Señor,
yo mentí.

Mauricio   ¿Por qué mentiste?

Frisón   Por hablar.

Mauricio   Eres traidor,
y aquí has de morir.

Frisón   ¡Ay, triste!

Mauricio   Aquesta banda ha de ser
tu cordel.

Frisón   ¡Válgame el cielo,
señor, que tal vengo a ver!
Quisiera besar el suelo
aquí; mas no he de poder.

Mauricio   ¿Al fin, que me has conocido?

Frisón   ¿No había de conocerte,
aunque es extraño el vestido?

Mauricio	A fe, Frisón, que en tu muerte muy buen padrino has tenido.
Frisón	Desátame las dos manos y besaréte los pies.

(Salen Coridón, Gaceno y Claudio.)

Gaceno	Corrieron los cortesanos tanto, señor, que los tres, por el monte y por los llanos, alcanzarlos no pudimos.
Mauricio	Desatad este inocente, pues a librarle venimos.
Coridón	No mintáis por ser valiente.
Frisón	Los habladores mentimos en cuanto hablemos. Señor, dame aquestos pies, espanto del mundo y de Italia honor; quiérete la Reina tanto, y sintió con tal rigor tu muerte, que me mandó dar la muerte porque dije que te había muerto yo, y de tal suerte se aflige que enternecido lloró como si fuera tu esposa.
Mauricio	¡Oh, Reina, digna de ser Reina por sabia y hermosa!

[................ -er]
[................ -osa]
  [................ -ido]
[................ -orte]
[................ -ido].

Coridón   Cuanto a tu servicio importe
ya te habemos ofrecido.

Mauricio   Solo me importa el secreto.

Claudio   Pues, yo en el nombre de todos,
gran señor, te lo prometo...

Frisón   A los hombres, de mil modos
los saca Dios de su aprieto.

(Vanse y salen el Conde y el Varón.)

Varón   Parece que la noche se anticipa
deseosa de ver nuestros engaños,
y que ha salido del dorado lecho
con más ojos abiertos que otras veces.

Conde   Varón, el caso es arduo e increíble.

Varón   Arrepentido estoy.

Conde   Yo estoy confuso.
Y si el reino dejamos, nuestros hijos
y nuestros descendientes quedan puestos
en los brazos y manos de la infamia.
Mejor es esforzar lo comenzado.
Varón   Ya viene el rey.

Conde   La sangre se me ha helado.

(Salen el Rey y don Felipe.)

Rey   Pesado me ha en el alma de su muerte
                         aunque yo lo mandé.

Felipe   Si yo supiera
                         que vuestra alteza le tuviera lástima,
                         le dejara con vida, aunque fingiera
                         su muerte por el campo.

Rey   Yo me holgara;
                         que agora que ya estoy desenojado,
                         de su muerte me pesa. Y Dios permite,
                         si es verdad una infamia que me han dicho,
                         que pase por la ley que establecía
                         contra su honor. Estos sucesos trato
                         contigo, porque aquí el marqués me escribe
                         que eres hermano de un Monsiur de Francia
                         y eres hombre de pecho y de propósito,
                         y así quiero que agora me acompañes
                         y en mi palacio y servicio asistas.

Felipe   Beso, señor, esas heroicas plantas.

Conde   ¿Llegaremos, Varón?

Varón   Temblando llego.

Rey   Decidme, ¿es hora ya de mis desdichas?
                         ¿Puedo llegar a ver lo que primero
                         que lo vea me mate?

Conde   Yo sospecho
              que es hora acomodada.

Rey   ¡Oh, fieros pasos,
              que me lleváis a mi temprana muerte!

Varón   (Temblando voy.)

Conde   (Yo voy, Varón, sin alma.)

Rey   Ven tú, amigo, también.

Felipe   Tuya es mi espada.

(Vanse y salen doña Juana, de hombre, y don Carlos de camino.)

Carlos   Porque las dueñas y damas,
              mi señora, no te vean,
              aquí donde estás agora
              hablarte quiere su alteza.

Juana   ¿Dónde aguardan los caballos?

Carlos   En el zaguán desempiedran
              con manos y pies las losas
              que de blanca espuma argentan.

(Sale la Reina.)

Reina   ¿Doña Juana?

Juana   Mi señora,
              aunque en el alma me pesa

de partirme, la crueldad
del rey a partir me fuerza.

(Salen el Rey, el Conde, el Varón, y don Felipe.)

Rey

Después de entrar con silencio
cierre el portero las puertas;
que por aquí ha de pasar
a los cuartos de la Reina.

Varón

Señor, a la escasa luz
que por los brocados entra,
un hombre y una mujer
parece que veo.

Rey

Espera;
y desde aquí retirados,
pues la oscuridad nos deja,
podremos saber quién son.

Reina

Yo con el alma quisiera
estorbar vuestra partida.

Rey

Oye, la Reina es aquélla.
Varón, ciertos son mis males,
mis desventuras son ciertas.
Entrad y hacedlos pedazos.

Felipe

Repórtate hasta que veas,
señor, la verdad de todo.

Rey

Bien, amigo, me aconsejas.

Juana

No hay mujer más desdichada.

La lamentable tragedia
del duque, que por su causa
pisa esos montes de estrellas,
no la quiero referir,
porque se pase la lengua
a los ojos. Esas manos
me dad, señora.

Reina   Quisiera
darte el alma con los brazos.
¡Ah, rey traidor, que atropellas
las leyes de la razón
y nos divides y ausentas!

Juana   Quisiera estar en tus brazos
como la amorosa hiedra,
sin dividirme, señora;
pero el dividirme es fuerza.

Reina   Vete con Dios. No me busquen
y te conozcan y sientan.
Y escríbeme.

Juana   Mis suspiros
nos servirán de estafetas.

Rey   ¿Vióse tan grande maldad?

Felipe   Señor, si vengarte intentas,
mejor será con secreto;
que no es bien que el mundo entienda
tu infamia. Agora podemos
hacer que este ingrato muera
con secreto, y otro día

muerta la Reina amanezca
con cordel o con veneno.

Rey

¡Oh, noble nación francesa,
muy bien has dicho!

Conde (Aparte.)

(Sin duda
que nuestras lenguas gobierna
Dios; pues que nuestras traiciones
han salido verdaderas.)

Reina

Y toma aquesta sortija
porque te acuerdas por ella
de mí; que quisiera el alma
darte en lugar de la piedra.

Juana

Señora, basta ser tuya
para que la estime y tenga
en el corazón guardada.

Rey

Fuera de Nápoles lleva,
amigo, aqueste alevoso,
y antes que el Sol amanezca
su sangre parezca rosa
en las [ásperas] riberas.

Reina

Vuelva a abrazarme, y adiós.

(Vase la Reina.)

Juana

Vamos, Carlos.

Rey

Francés, llega
y con seis hombres de guarda,

que solo el secreto entiendan,
le lleva al campo.

Felipe   Yo voy.

Carlos   Gente a nosotros se llega.

Juana   Cúbrete, no te conozcan.
Deja que pasen, espera.

Rey   Haced, conde, le acompañen
seis de la guarda tudesca.

(Aparte.)   Ven, Varón, conmigo. (¡Ay, cielos,
pues que no veis mis afrentas
mirando con tantos ojos,
mis males os enternezcan!)
Conde, en mi cuarto te aguardo.

(Aparte.)   (¡Ah, duque, por tu inocencia
vuelve Dios!)

(Vanse el Rey y el Varón.)

Juana   Los dos pies, Carlos,
se me entorpecen y hielan,
que nuestro daño procura
esta gente que se acerca.

Felipe   Daos, infames, a prisión.

Carlos   Señora, huye.

Juana   Si pudiera.

Conde   Tapad sus aleves bocas

porque el caso no se entienda,
y con este caballero
a quien el rey los entrega,
id a donde los llevare.

Criados   Iremos.

Juana   ¡Traidor!

Felipe   Las lenguas
les cortad si se quejaren,
y quejaránse por señas.

(Vanse y salen la Reina y doña Inés.)

Reina   Aquí estarás recogida
y libre de su rigor
en sabiendo su partida.

Inés   Pienso que el rey, mi señor,
me ha de privar de la vida,
    porque dirá que yo fui
la que el consejo le di.

Reina   Cuando él enojado esté,
yo, amiga, te ampararé.

Inés   Tengo mi remedio en ti.

(Sale el Conde con una salvilla.)

Conde   Quede a la puerta la guarda,
y entre luego si se esconde,
sin que quede una alabarda.

Reina	¿Tú en mi cuarto, traidor conde? Sale luego afuera.
Conde	Aguarda, que vengo a darte un recado del rey, mi señor.
Reina	¿No había en palacio otro criado?
Conde	A mí su alteza me envía porque de mí se ha fiado. Este presente excelente que traigo en aquesta fuente me ha mandado que te dé.
Reina	En traerlo tú, sabré que no es muy bueno el presente.
Conde	Daga, veneno y cordel, para pecho, boca y cuello te traigo.
Reina	¡Ah, conde cruel, luego lo entendí en traello tú y enviármelo él! Bien ha mostrado este día su traición y tiranía, pues debe de imaginar que una no me ha de matar, y así tres muertes me envía. Vuélvete, conde atrevido, y dilo al rey imprudente

con nombre de mi marido,
que yo estimo su presente
y le doy por recibido.

Conde   El rey mandó que te diera,
señora, aqueste presente,
o por él la muerte fiera,
y en la puerta aguarda gente
que para hacerlo me espera.

Reina   Salte de la sala, infame,
no des lugar a que en ella
tu aleve sangre derrame.
¿Así mi honor se atropella?

Conde   Obligarásme a que llame
la guarda.

Reina   Llame la guarda,
al rey, al reino y al mundo,
que mi inocencia me guarda;
que unas sombras del profundo
cubran la verdad.

(Salen el Rey y el Varón.)

Rey   Aguarda,
¿qué es esto?

Reina   Tus sinrazones,
tus engaños, tus quimeras,
tus trazas, tus invenciones.

Rey   ¿Es posible que me esperas

y ante mis ojos [te] pones?
Matadla.

Reina   Conde atrevido,
no me llegues a ofender,
que no se ha visto ni oído
que ofendiese hombre a mujer
delante de su marido.

Rey   ¡Ah, Catalina alevosa!
¡Ah, pavón de torpes pies!
¡Ah, ingrata y fingida esposa!
¿Cómo puede ser lo que es,
adúltera virtuosa?

Reina   ¿Yo, adúltera? Ya han jurado
en aquesta información
los dos que tienes al lado,
porque el conde y el varón
ya otra vez me lo han llamado.

Rey   Bien publican tus extremos
lo que por mis ojos vi.
Los tres tu trato sabemos.

Conde   Y si es menester aquí,
también lo sustentaremos
              que eres adúltera.

Reina   ¡Calla,
lengua maldita! ¡Dios vierta
rayos para castigalla!

Rey   Mi infamia, enemiga, es cierta,

y en secreto he de vengalla.
Apercíbete a morir.
[........................]
[................ -ir]
[........................]
[.................... -ir]

Conde [................ -ena]
[...................... -er]
de estas tres la muerte ordena,
de ellas puedes escoger
la mejor.

Reina Ninguna es buena.
Si por adúltera muerto
sea en fuego y por sentencia,
cumpliendo el romano fuero.
Podrá ser que mi inocencia
obligue a algún caballero.

Varón Concédelo, gran señor,
ya que se enternece y llora,
que los dos en tu favor
sustentamos que es traidora
y que te quitó el honor.
Mañana al campo saldremos,
y a la que tú señalares
tres horas aguardaremos,
no con peto y espaldares
porque armados no queremos,
sino con espadas solas,
hasta ver si hay quién sustente
lo contrario.

Reina Si arrebolas,

105

Sol, las puertas del oriente
y del mar los golfos y olas,
   publica mi honestidad
y virtud por labios de oro;
pues sabes tú la verdad,
y contra el Señor que adoro
si he cometido maldad.

Rey
   Mi clemencia te socorre
hasta mañana a las tres.
Encerradla en una torre.

Reina
Dame, esposo, aquesos pies.

Rey
Vil, ese nombre se borre.

(Vanse, y salen don Felipe, doña Juana, Carlos y acompañamiento.)

Felipe
   Dejad el coche en el llano
y en esta verde espesura,
que en invierno y en verano
ve el Sol, aunque lo procura,
con su rostro soberano,
   mueran aquestos traidores.

Carlos (Aparte.)
(Éste es, señora, el francés,
del duque amigo; no llores.)

Felipe
¿Cuál es el culpado?

Criado
                    Éste es.

Felipe
Hacéos aparte, señores.
   Hombre, el rey manda que mueras.

Bien te puedes consolar
si el delito consideras.

Juana   Si la muerte me has de dar,
aquí estoy, señor. ¿Qué esperas?
No me quiero defender
aunque me mates y ofendas;
y pues forzoso ha de ser
el morir, quiero me entiendas
que soy mujer.

Felipe   ¿Tú? ¿Mujer?

Juana   Yo mujer, y soy esposa
del duque Mauricio.

Felipe   Cielos,
¿tú eres doña Juana hermosa
de Aragón? ¡Dejadme, celos,
sierpes del alma rabiosa!
¿A mis manos has venido,
fiera ocasión de mis quejas?
Soy a quien has ofendido,
y el desdichado a quien dejas
condenado a eterno olvido.
Don Felipe de Cardona
soy, y quien dejó en Navarra
una infanta y su corona
por la aragonesa barra
y su divina persona.

Juana   Señor, pues me trujo el cielo
a vuestras manos, por dar
a mis desdichas consuelo,

si el llanto me da lugar,
a vuestra clemencia apelo.

Felipe   Enemiga, es imposible;
que cuando me ruegas más
estoy más fiero y terrible,
pues en mis manos estás,
que todo al tiempo es posible.
    En ellas has de morir
porque sepas guardar fe.
[................ -ir].

Juana   Si te escribí y avisé,
y te tardaste en venir,
    y mi padre me casó
con el duque tu contrario
que más aprisa llegó,
quéjate del tiempo vario.

Felipe   [Eso] mismo digo yo.
    Ese hombre, amigos, dejad,
y con secreto en el coche
os volved a la ciudad;
que yo aguardo de la noche
la funesta oscuridad.
    Y al rey le diréis que quedo
su justicia ejecutando.

Criado   Así lo haremos.

[Vanse los criados.]

Carlos   Pues puedo,
los pies me dan, aunque temblando

estoy de pena y de miedo.
Ya pienso que mi señora
te ha contado la verdad.

Felipe   Pues ha de morir agora,
y ya su inmensa beldad
lágrimas de sangre llora.
   La verde muerte te dejo,
quédate a Dios, que con ella
por la espesura me alejo.

Carlos   ¿Quién la razón te atropella?
Ya de tu valor me quejo.

Felipe   Quédate.

Juana   Carlos honrado,
queda a Dios.

Carlos   Señora mía,
perdona; que estoy atado.

Felipe   Ingrata, llegó mi día,
y en él quedaré vengado.

(Vanse y queda Carlos.)

Carlos   ¿Vióse mayor desventura?
Traidor, ¿ésta es la lealtad
y ésta es la amistad segura?
Pero la santa amistad
poco en los traidores dura.
   ¡Qué te he dejado llevar!
¡Qué con mi boca y mis dientes

no puedo al traidor matar!

(Sale el Duque.)

Mauricio   Limpias y parleras fuentes,
dejadme de atormentar.
  En todas partes os veo
con las guijas resonando,
y como temo y deseo,
celoso estoy, envidiando
vuestro dichoso himeneo.

Carlos   ¡Cielos, suspenso he quedado!
Ya sospecho que el juicio
o la vista me ha faltado.
¿No es éste el duque Mauricio?
¡Él es! ¿Si ha resucitado?
  ¡Caballero!

Mauricio   ¿Carlos mío?

Carlos   ¿Que estás vivo? ¿Que eres cierto
el duque, o es desvarío?

Mauricio   Bien dices, que un vivo muerto
es como puente sin río.

Carlos   ¿No te vi muerto, señor,
a estocadas?

Mauricio   Pues me ves
vivo, no; porque el valor
de un generoso francés
me dio vida y me dio honor.

                         Cubierto con mi vestido
                         cierto lacayo gascón,
                         Carlos, fue el muerto fingido.

Carlos   En infelice ocasión,
                         señor, a verte he venido.

Mauricio   ¿Quién te ató de aquesta suerte?

Carlos   A mi señor y a mí
                         el rey indignado y fuerte
                         nos mandó sacar aquí,
                         señor, para darnos muerte;
                            al francés nos entregó,
                         tu amigo.

Mauricio   ¿Y mi doña Juana?

Carlos   Ya murió.

Mauricio   ¡No viva yo!
                         ¡Ay, mi vida! ¿Qué inhumana
                         sentencia la muerte os dio?
                            ¿Por dónde entró?

Carlos   Por allí.

Mauricio   Sígueme.

Carlos   Pondré en los pies
                         el viento mismo.

Mauricio   ¡Ay de mí!
Carlos   Pero aguarda, que el francés

viene, mi señor, aquí.

(Sale don Felipe.)

Mauricio   Amigo, ingrato traidor,
francés en engañoso pecho,
que por darle muerte al alma
dejaste vivo mi cuerpo.
Palabra escrita en el agua,
fiero verdugo sangriento
de aquel ángel que ya pisa
las bóvedas de los cielos,
¿para qué me diste vida
si [tú ya] me [tienes] muerto?
Mete mano, francés falso,
que aquí te aplazo y te reto
de alevoso y de traidor
en obras y en pensamientos.

Felipe   Repórtate y ten la espada,
que ya nos sobrará tiempo
de que riñamos los dos,
que ha días que lo deseo.

(Sale Frisón.)

Frisón   Huelgo de encontraros juntos,
que yo sospecho que el cielo
os ha querido juntar
no, señores, sin misterio.
De Nápoles vengo agora,
y está Nápoles revuelto;
que han acusado a la Reina
dos traidores de adulterio.

En la plaza de palacio
se ven dos tronos cubiertos,
uno de alegres brocados,
y otro de lutos funestos.
Y entre aquestos dos teatros
se muestra un palenque estrecho,
donde los dos alevosos
quieren sustentar sus yerros.
Dicen que a la Reina hallaron
en un oscuro aposento,
despidiéndose y llorando
de un flamenco caballero,
a quien dio muerte la guarda,
y cierto francés que entiendo
que por orden de su alteza
le hizo matar en secreto.
Y la desdichada Reina
ha llegado a tal extremo
que no hay quién su causa ampare,
señores, en todo el reino.
Tres horas tiene de plazo
aqueste alevoso reto,
que a las seis se cierra el campo
y a las tres estará abierto.

Carlos   La duquesa, mi señora
                era aquélla.

Felipe   Yo la he muerto
                en traje de hombre vestida.

Mauricio   El seso y paciencia pierdo.
                ¡Oh, inocente señora,
                por ti en el campo me ofrezco

113

a defender tu virtud
y tus castas pensamientos!
Y después de haber cortado
las lenguas que te ofendieron,
la muerte de doña Juana
he de vengar.

Felipe   Yo te espero
en campaña al otro día,
al sacar el alba Febo.

Mauricio   Ven, Carlos.

Felipe   Vamos Frisón,
que en venganzas no me meto.

(Vanse y salen el Rey, Astolfo, y alabarderos, la Reina, enlutada. Está un trono aparte y siéntanse.)

Astolfo   No pensé, gran señor, que me llamabas
para suceso tan funesto y triste.

Rey   Marqués, para mi honor es muy alegre;
que quiero que los grandes de mi reino
de mi perdido honor sean testigos,
y testigos también de la venganza.
Caballeros, madama Catalina,
hija del rey Enrique de Bohemia,
es la que está a mi lado como Reina,
por ser esposa mía. Es acusada
de adúltera y de aleve, y entretanto
que el cielo nos declara la justicia,
quiero que hagáis con ella lo que se hace
con los aleves en aqueste reino,

no alterando con ella la costumbre
que se guarda.

Reina   Señor, dadme paciencia.

Astolfo   Pues quiero comenzar, con tu licencia.
                Mujer, deja el lugar que no mereces.
                Mujer, deja el lugar que no mereces.
                Mujer, deja el lugar que no mereces.
                Señor, esta mujer que está a tu lado
                dicen dos caballeros que es adúltera,
                y así importa a tu honor que se declare
                la verdad de este caso, y que lo arrojes
                del lugar donde está, y si no, a nosotros
                para quitarla no darás licencia.

Rey   Alzate, vil.

Reina   Señor, dadme paciencia.

(Sube en el teatro.)

Astolfo   Ya, mujer, tu marido te ha dejado,
                y sus agravios deja a la justicia.
                Si tú la tienes, Dios te favorezca,
                y si no, te castigue. «Amén», responde.

Reina   Amén.

Astolfo   Cubridla con aquese manto,
                y sobre ese teatro levantadla,
                porque la pueda ver el pueblo todo,
                cumpliendo con la antigua ceremonia.
                Pueblo, aquésta que veis aquí presente

115

es la mujer del rey. Todos miradla.
Ninguno agora su mujer la llame
hasta que en campo quede averiguado
la mentira y verdad de aqueste caso.

Criado   Ya al son de trompas y cajas
vienen el Varón y el Conde.

(Salen el Varón y el Conde.)

Rey   Descubridles esos pechos
y miradles los estoques.

Astolfo   ¿Qué sustentáis?

Varón   Sustentamos,
Marqués, aquí, como nobles,
que es adúltera la Reina.

Rey   No le deis aquese nombre,
Catalina la llamad.

Astolfo   Aguardad que los relojes
den las seis por ver si alguno
a Catalina socorre.

Varón   Aquí los dos aguardamos
hasta que venga la noche.

Rey   ¿Es atambor el que suena?

Astolfo   Y tras él también un hombre.

Conde (Aparte.)   ¿Hombre dices? (¡Vive Dios,

que es malo!)

(Salen el Duque y Carlos.)

Mauricio	A tus pies se pone
un caballero.

Rey	¿Qué pides?

Mauricio	Campo contra estos traidores,
que yo les daré a entender
que la Reina corresponde
a su virtud, y ellos digan
aquí que mienten, a voces.

Astolfo	Otro atambor se escucha,
y sin que el vulgo estorbe,
otros caballeros entran
tras de él.

Varón (Aparte.)	(Ya mis temores
son ciertos.)

Conde	Varón, ¿qué dices?

Varón	Que otro viene al campo, Conde.

(Salen don Felipe con la cara tapada, Frisón y doña Juana [también tapada].)

Felipe	La fama de la virtud
de la Reina, que en los orbes
no deja de derramarse
entre todas sus naciones,

hoy me trae a defenderla
para que la estimes y honres,
y a que sepas que es mujer
a la que abrazaba anoche.

Rey   ¿Qué pides?

Felipe   Campo, señor,
contra los dos agresores
de esta traición.

Varón (Aparte.)   (Yo soy muerto.)

Rey   Alto, las trompetas toquen,
y habéis visto espada y peto.

[Riñen.]

Varón   No hay quien resista sus golpes;
rendido estoy.

Conde   Yo estoy muerto.
Castigó a mi culpa enorme.

Varón   Di que testimonio fue,
por tratarnos con rigores
su alteza.

Rey   Arrojadlos luego,
tras de un infame garrote,
en el fuego que aguardaba
a mi esposa honesta y noble.

Varón   Justo castigo es del cielo.

[Llévanlos.]

Reina	Dios los inocentes oye. Dadme, fuertes caballeros, esos brazos vencedores.
Rey	Volved, Reina a vuestro asiento, porque en él mi reino os honre.
Felipe	Agora, supremo rey, te suplico que me otorgues el campo que le ofreciste al marqués Astolfo, y borre mi agravio de las memorias de todos los españoles.
Rey	Pues, ¿quién eres?
Felipe	Don Felipe de Cardona. [............. o-e]
Astolfo	[.................] Así es verdad.
Rey	Pues tú, Astolfo, ¿le conoces?
Astolfo	Sí, señor, porque es mi primo.
Rey	¿No es éste el francés?
Felipe	[En] nombre; que en sangre soy español.
Rey	No hay de quien venganza tomes

si el duque es muerto.

Felipe   No es muerto,
vivo está.

Rey   ¿Vivo? ¿Y a dónde?

Mauricio   Aquí estoy.

Astolfo   ¡Válgame el cielo!

Felipe   Astolfo, no te alborotes,
que hasta hacer el desafío
hice estas transformaciones
porque el duque no muriese,
y agora que Dios nos pone
en estacada, es razón
que vengue a mi hermano noble.

Mauricio   Yo la alevosa muerte
de mi esposa, que en los montes
mataste.

Felipe   El rey lo mandó;
el rey, duque, te responde.

Rey   Hice matar la duquesa
porque entendí que era hombre,
y quiero que en pago suyo
con mi hermana se despose.

Mauricio   Aunque casarme no quiero,
es bien que a tus pies me postre
por la merced, y en el suelo

pido de mis sinrazones
a don Felipe perdón
y rindo pecho y estoque,
y en venganza de su hermano
quiero que el cuello me corte.

Felipe   Yo os perdono y doy mis brazos.

Rey   Yo a la infanta [le] doy en dote
                los estados del Varón.

Reina   Y yo al duque los del conde.

Felipe   Pues ya que estoy satisfecho,
                quiero que a tu esposa goces,
                que está viva aunque te dije
                que le di muerte en los montes.

Mauricio   ¡Esposa del alma mía!

Rey   Hoy Nápoles se alborote
                con festines y saraos.

Reina   Amiga, Dios nunca esconde
                la verdad.

Juana   Tu gran virtud
                da soberan[os] olores.

Mauricio   Doña Inés es tuya, Carlos,
                y una villa.

Frisón   ¿Y a este pobre
                lacayo, no le darán

        unas calzas de anascote?

Mauricio   Quiero que todos los años,
        Frisón, de mis rentas cobres
        dos mil ducados.

Frisón   El cielo,
        señor, los años te doble,
        que es razón; que aquí comience
        la casa de los Frisones.

Felipe   La adúltera virtuosa
        que en Nápoles vive en bronce
        es ésta, y el autor pide
        que os pida perdón, señores.

        Fin de la comedia

Libros a la carta

A la carta es un servicio especializado para
empresas,
librerías,
bibliotecas,
editoriales
y centros de enseñanza;
y permite confeccionar libros que, por su formato y concepción, sirven a los propósitos más específicos de estas instituciones.

Las empresas nos encargan ediciones personalizadas para marketing editorial o para regalos institucionales. Y los interesados solicitan, a título personal, ediciones antiguas, o no disponibles en el mercado; y las acompañan con notas y comentarios críticos.

Las ediciones tienen como apoyo un libro de estilo con todo tipo de referencias sobre los criterios de tratamiento tipográfico aplicados a nuestros libros que puede ser consultado en Linkgua-ediciones.com.

Linkgua edita por encargo diferentes versiones de una misma obra con distintos tratamientos ortotipográficos (actualizaciones de carácter divulgativo de un clásico, o versiones estrictamente fieles a la edición original de referencia).

Este servicio de ediciones a la carta le permitirá, si usted se dedica a la enseñanza, tener una forma de hacer pública su interpretación de un texto y, sobre una versión digitalizada «base», usted podrá introducir interpretaciones del texto fuente. Es un tópico que los profesores denuncien en clase los desmanes de una edición, o vayan comentando errores de interpretación de un texto y esta es una solución útil a esa necesidad del mundo académico.

Asimismo publicamos de manera sistemática, en un mismo catálogo, tesis doctorales y actas de congresos académicos, que son distribuidas a través de nuestra Web.

El servicio de «libros a la carta» funciona de dos formas.

1. Tenemos un fondo de libros digitalizados que usted puede personalizar en tiradas de al menos cinco ejemplares. Estas personalizaciones pueden ser de todo tipo: añadir notas de clase para uso de un grupo de estudiantes,

introducir logos corporativos para uso con fines de marketing empresarial, etc. etc.

2. Buscamos libros descatalogados de otras editoriales y los reeditamos en tiradas cortas a petición de un cliente.